W9-AOP-780

Las estaciones

El otoño

Siân Smith

Heinemann Library
Chicago, Illinois

©2009 Heinemann Library
a division of Capstone Global Library LLC
Chicago, Illinois

All rights reserved. No part of this publication may be reproduced or transmitted in any form or by any means, electronic or mechanical, including photocopying, recording, taping, or any information storage and retrieval system, without permission in writing from the publisher.

Editorial: Rebecca Rissman, Charlotte Guillain, and Siân Smith
Picture research: Elizabeth Alexander and Sally Claxton
Designed by Joanna Hinton-Malivoire
Translation into Spanish by DoubleOPublishing Services
Printed and bound by South China Printing Company Limited

13 12 11 10 09
10 9 8 7 6 5 4 3 2 1

ISBN-13: 978-1-4329-3528-3 (hc)
ISBN-13: 978-1-4329-3533-7 (pb)

Library of Congress Cataloging-in-Publication Data
Smith, Siân.
  [Fall. Spanish]
  El otoño / Siân Smith.
      p. cm. -- (Las estaciones)
  Includes index.
  ISBN 978-1-4329-3528-3 (hardcover) -- ISBN 978-1-4329-3533-7 (pbk.)
  1. Autumn--Juvenile literature. I. Title.
  QB637.7.S6518 2009
  508.2--dc22
                                    2009010991

Acknowledgments
The author and publisher are grateful to the following for permission to reproduce copyright material: ©Alamy pp.**10, 11** (Blend Images), **20** (David Norton), **9** (Judy Freilicher), **14, 23 bottom** (Neil Dangerfield), **8** (Phill Lister), **16** (Renee Morris), **21** (Silksatsunrise Photography); ©Corbis pp.**22** (Craig Tuttle), **04 br** (Image100), **17** (Tetra Images), **04 tl** (Zefa/Roman Flury); ©GAP Photos pp.**18, 23 top** (Fiona Lea); ©Getty Images pp.**04 tr** (Floria Werner), **5** (Philippe Renault); ©iStockphoto.com pp.**6, 23 middle** (Bojan Tezak), **04 bl** (Inga Ivanova); ©Photodisc p.**12** (Photolink); ©Photolibrary pp.**13** (Chad Ehlers), **15** (J-Charles Gerard/Photononstop); ©Punchstock p.**7** (Brand X Pictures/Morey Milbradt); ©Shutterstock p.**19** (Vakhrushev Pavel).

Cover photograph of maple tree reproduced with permission of ©Shutterstock (Tatiana Grozetskaya). Back cover photograph reproduced with permission of ©Photodisc (Photolink).

Every effort has been made to contact copyright holders of any material reproduced in this book. Any omissions will be rectified in subsequent printings if notice is given to the publisher.

Contenido

¿Qué es el otoño?

primavera

verano

otoño

invierno

Hay cuatro estaciones cada año.

El otoño es una de las cuatro estaciones.

¿Cuándo es el otoño?

primavera

verano

invierno

otoño

Las cuatro estaciones siguen un patrón.

El otoño sigue al verano.

El clima en el otoño

Puede estar más fresco en el otoño.

Puede haber niebla en el otoño.

¿Qué vemos en el otoño?

Las personas llevan suéteres en el otoño.

Las personas llevan abrigos en el otoño.

Vemos hojas de muchos colores
en los árboles en el otoño.

Vemos hojas de muchos colores por
el suelo en el otoño.

Vemos semillas en el otoño.

Vemos frutas y verduras en el otoño.

Vemos bayas en el otoño.

Vemos calabazas en el otoño.

Vemos fogatas en el otoño.

Vemos fuegos artificiales en el otoño.

Vemos que los animales cargan
alimentos en el otoño.

Vemos que las aves se van a otros lugares en el otoño.

¿Cuál es la siguiente estación?

¿Qué estación viene después del otoño?

Glosario ilustrado

fogata fuego que se hace al aire libre

patrón que ocurre en el mismo orden

semilla las plantas producen semillas.
Nuevas plantas crecen de las semillas.

Índice

Nota a padres y maestros

Antes de leer

Explique a los niños que hay cuatro estaciones cada año: invierno, primavera, verano y otoño. Explíqueles que las estaciones siguen un patrón, o una secuencia. Escriba las cuatro estaciones en el pizarrón y dibuje flechas para indicar el orden. Explique que el otoño sigue al verano. Pida a los niños que nombren sus actividades de otoño favoritas.

Después de leer

Hagan una guirnalda de hojas. Necesitarán suficientes hojas de distintos árboles para que cada niño tenga una hoja propia; papel, lápices, creyones, tijeras y un cordel largo. Pida a los niños que seleccionen una hoja de la colección y que la dibujen en el papel con un tallo grueso. Deben marcar las venas y luego recortar la hoja.

Doble el tallo por la mitad y átelo al cordel. Cuelgue la guirnalda de hojas en el salón de clases.

508.2 S   HTUTX
Smith, Sia¦én.
El oton¦âo /

TUTTLE   Friends of the
06/10   Houston Public Library